Der Bücherbär
Vorschule

Liebe Eltern,

jedes Kind ist anders. Manche Kinder kennen bereits alle Buchstaben in der Vorschule und können sie zu Wörtern formen. Andere lernen das Abc in der Schule. Für das spätere Leseverhalten ist es jedoch völlig unerheblich, wann die Kinder das Alphabet meistern. Wichtig aber ist der Spaß am Lesen – von Anfang an. Deshalb ist das Bücherbär-Erstleserprogramm konzeptionell auf die Fähigkeiten und Bedürfnisse der Kinder abgestimmt.

Dieses Buch richtet sich an Kinder im Vorschulalter. Die Hauptwörter wurden durch Bilder ersetzt, wodurch auch Kinder »mitlesen« können, die das Abc noch nicht gelernt haben. Das macht neugierig und Lust auf mehr. Zusätzlich regen Rätsel am Ende des Buches zum Gespräch über die Geschichte an. Denn Kinder, die viel Gelegenheit zum Sprechen haben, lernen auch schneller lesen.

Ihr Bücherbär

Empfohlen von Westermann

Sandra Grimm
Polizist Leon im Einsatz

Dieses Buch gehört:

_____

Sandra Grimm

schreibt seit vielen Jahren Geschichten für kleine und große Leser. Sie wohnt mit ihrem Mann und ihren Söhnen in Norddeutschland.

Igor Lange,

geboren 1986, studierte in Münster Design mit dem Schwerpunkt Illustration. Schon in den ganz jungen Jahren malte der kleine Igor auf den Tischen oder Wänden. Eigene Geschichten, Superhelden und Abenteuer sollten es sein. Bloß keine Langeweile. Heute sind es Bücher und keine Wände. Der Traum wurde zum Beruf, doch ein Stück Kind ist er immer noch geblieben.

Ein Verlag in der Westermann Gruppe

Der Bücherbär
1. Auflage 2024
© 2019 Arena Verlag GmbH unter dem Titel:
Malte, der kleine Polizist
Rottendorfer Straße 16, 97074 Würzburg
Alle Rechte vorbehalten
Text: Sandra Grimm
Cover und Innenillustrationen: Igor Lange
Gesamtherstellung: Westermann Druck Zwickau GmbH
Gedruckt in Deutschland
ISBN 978-3-401-72071-5

Besuche den Arena Verlag im Netz:
www.arena-verlag.de

Sandra Grimm

Polizist Leon im Einsatz

Mit Fragen zum Leseverständnis

Bilder von Igor Lange

Leon kennt sich aus!

Leon 🧒 und Mama 👩 fahren

mit dem 🚲 in die 🏘 .

Vor der 🏢 halten sie an.

Hier arbeitet Onkel Tom 👮 .

🧒 muss ihm unbedingt

seinen neuen ⛑ zeigen.

Der ist blau wie eine 🧢 !

 ist aufgeregt.

Vielleicht fängt

gerade einen  !

Ob der  mit

aus dem  🚓 steigt?

An der  prüft

mit Polizistin Jana .

Gerade braust eine

auf einem  heran.

 hebt seine  .

Die  muss anhalten.

„Sie brauchen einen ",

rät der  .

Er prüft  und  .

Alles ist gut.

Die  darf weiterfahren.

 läuft zu

und zeigt stolz seinen .

„Der  ist toll",

sagt .

Das findet  auch.

Dann prüft  das :

Bremst die ?

Klingelt die ?

Leuchtet das ?

„Dein  ist sicher", sagt .

Er schenkt  einen .

„Aber schau mal das

deiner  genau an:

Da fehlt etwas in den ."

 zeigt mit dem

auf seine eigenen .

„ hat keine !"

 wird rot.

„Ich kümmere mich um die 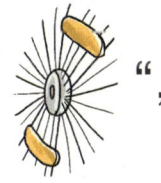",

verspricht .

Er fühlt sich wie ein  .

Halt, stopp!

 bückt sich, weil sein  offen ist.

Als er die   zubindet,

fällt ihm der  aus der .

 hebt ihn auf und sagt:

„, du hast …"

Da braust ein   schnell

an der  vorbei.

Der  darin bremst

nicht einmal vor dem  !

Dabei müssen

hier langsam fahren!

 reißt die 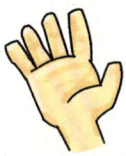 hoch

und ruft: „Halte das  an, !"

Sie hebt ihre .

Das  stoppt.

 läuft zu  hinüber.

Auch  und

gehen näher zu den .

Der  sitzt im .

Er telefoniert mit dem .

Und er hört nicht auf!

 sieht ihm streng in die  .

Der  steigt aus.

„Wer  fährt,

darf das  nicht benutzen",

sagt  .

Der  ruft wütend:

„Aber ich fahre sehr gut  .

Auch mit  !"

Sein  wird ganz rot.

„Warum haben Sie dann Ihr

am  nicht angehalten?",

ruft  empört.

Der  fragt erschrocken:

„Da war ein  ?"

Er sieht die  hinunter.

Über den  gehen gerade

zwei  mit einem  .

Der  ist jetzt ganz blass im 😟.

„Bin ich etwa mit meinem

an den  vorbeigerast?"

 beruhigt ihn:

„Nein, vorhin stand kein

neben dem ."

Der  winkt den .

„Kein 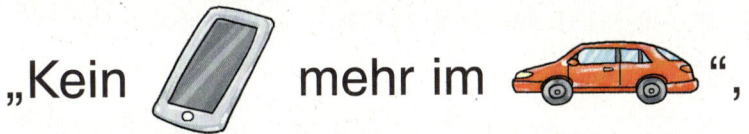 mehr im 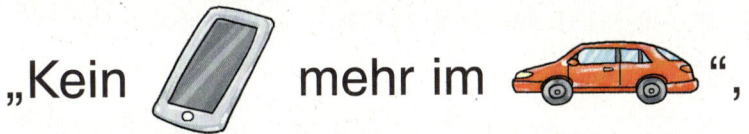",

verspricht er.

 nickt zufrieden.

Der  wird bestraft

und muss daher  bezahlen.

Dann darf er weiterfahren.

Lauf, Tom, lauf!

 sieht auf seine  .

„Wir sind fertig", sagt er zu  .

„Packst du bitte die

und die  ein?

Dann zeige ich  noch

unseren  ." Hurra!

 gibt  den  .

 setzt seine  auf den .

Sie rutscht ihm bis auf die .

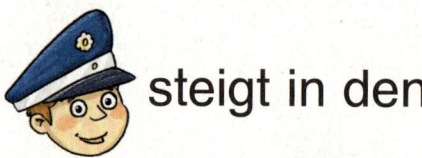 steigt in den .

"So, kleiner ,

dann schnall den  fest!",

sagt  lachend.

Wie viele  es hier gibt!,

staunt .

 erklärt ihm das .

 darf das einschalten.

Er sieht in den :

Die  blitzt tatsächlich blau!

Plötzlich ruft auf der

ein älterer  :

„Eine  ! Helft mir!"

 staunt, wie schnell

aus dem  springt.

Der ältere  zeigt zur  :

„Da läuft die  !

Sie hat meine  geklaut!"

Nun rennt   los.

Auch  flitzt die  entlang.

Sie müssen  ausweichen

und  umrunden.

 springt sogar über einen .

„Lauf, , lauf!", flüstert  aufgeregt

und drückt die 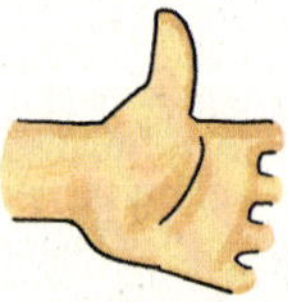 .

 fasst die  am  .

 schneidet ihr den  ab.

Da muss die  stehen bleiben.

Die  führen die

mit der  zurück zur  .

Die  guckt wütend.

 stellt sich vor .

„Schon gut, ", sagt .

„ ist doch .

Der beschützt uns."

Ob  das vergessen hat?

 bringt die  in die .

„Braucht sie keine ?",

fragt .

„Wenn ein  brav mitgeht,

lassen wir die  weg",

erklärt  .

Der ältere  kommt herüber.

 reicht ihm die .

Der  kramt darin herum

und holt seine  heraus.

„Ohne  bin ich blind

wie ein ", sagt der .

Er setzt die  auf seine 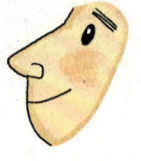.

Als er  mit der  sieht,

freut er sich:

„Oh, so ein junger  ? Das ist ja toll!"

Noch ein Dieb?

Der  bedankt sich

und läuft über die

zur  gegenüber.

Neben  knurrt es laut.

 zieht erschrocken den  ein:

War das ein ?

 zeigt auf sein  :

„Mein 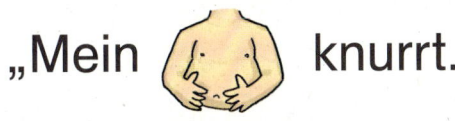 knurrt.

Ich gehe kurz in die

und hole   für uns alle."

 betritt die  .

Doch die  klappt sofort wieder auf:

Mit wütendem  stürmt  auf die  .

„Mein  ist weg!", ruft er.

„Noch ein !"

Ach du dickes ,

das hat  vergessen:

Er hat ja noch den  !

 steckt seine  in seine .

Puh, da ist der  ja.

 ist aus der  zurück.

„Dein  ist gestohlen worden?",

fragt sie.

„Ich habe es!", ruft  schnell.

„Du hast meinen  gestohlen?"

 macht große .

 lacht.

„Nein, .

Er ist aus deiner

auf die  gefallen."

 nimmt den

und grinst über beide .

„, ich komme."

 kommt mit vielen

aus der  .

„Könnten wir die

im  essen?",

fragt  hoffnungsvoll.

 nickt.

„Aber wer verstreut,

dem lege ich  an",

sagt  grinsend.

Oh,  hätte

 gerne mal um.

Mal sehen, wie viele

er mit den  machen kann ...

Rätselseite

Da hat doch tatsächlich jemand die goldene Kugel vom Stadtbrunnen gestohlen! Polizist Tom sucht den Dieb. Wo versteckt er sich?

Womit fährt Leon zur Polizeiwache?

K    D    F

Was fällt Polizist Tom aus der Hose?

A    K    I

Was darf Leon im Streifenwagen einschalten?

E    W    U

Was holt Tom am Ende für alle aus der Bäckerei?

T    B    Q

Welches Wort ergeben die Buchstaben der richtigen Antworten?

__ __ __ __

Die Wörter zu den Bildern

Leon

Mama

Fahrrad

Stadt

Polizeiwache

Onkel Tom

Helm

Polizeimütze

Dieb

Handschellen

Streifenwagen

Straße

Polizistin Jana

Frau

Rennrad

Kelle

Bremse

Licht

Kinder		Blaulicht	
Hund		Außenspiegel	
Geld		Lampe	
Uhr		Mann	
Schilder		Diebin	
Kopf		Ampel	
Nase		Handtasche	
Gurt	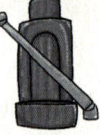	Menschen	
Knöpfe		Koffer	
Funkgerät		Daumen	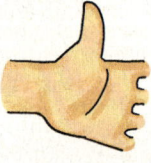

Arm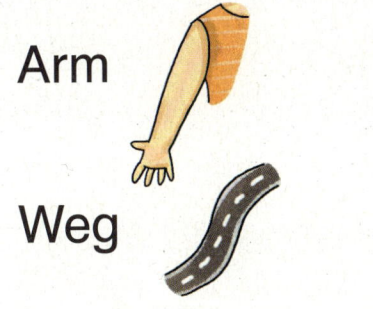

Weg

Brille

Maulwurf

Bäckerei

Bär

Hemd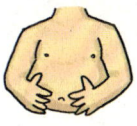

Bauch

Muffins

Tür

Ei

Jacke

Ohren

Krümel

Zähne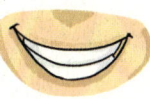

Lösungen

Hier hat sich der Dieb versteckt.

Die Buchstaben
vor den richtigen Antworten
ergeben das Wort DIEB.

Der Bücherbär
Vorschule

Mein LeseBilderbuch

Vom kleinen Igel, der lieber ein ganz Großer wäre
978-3-401-71881-1

Ein Schulanfang voller Überraschungen
978-3-401-71789-0

Drache Neo und die Kraft der Feuerbohnen
978-3-401-71669-5

Fußballfreunde sind unschlagbar
978-3-401-71788-3

Jeder Band: Ab 5 Jahren • Mein LeseBilderbuch • Durchgehend farbig illustriert • 56 Seiten • Gebunden • Format 17,5 x 24,6 cm

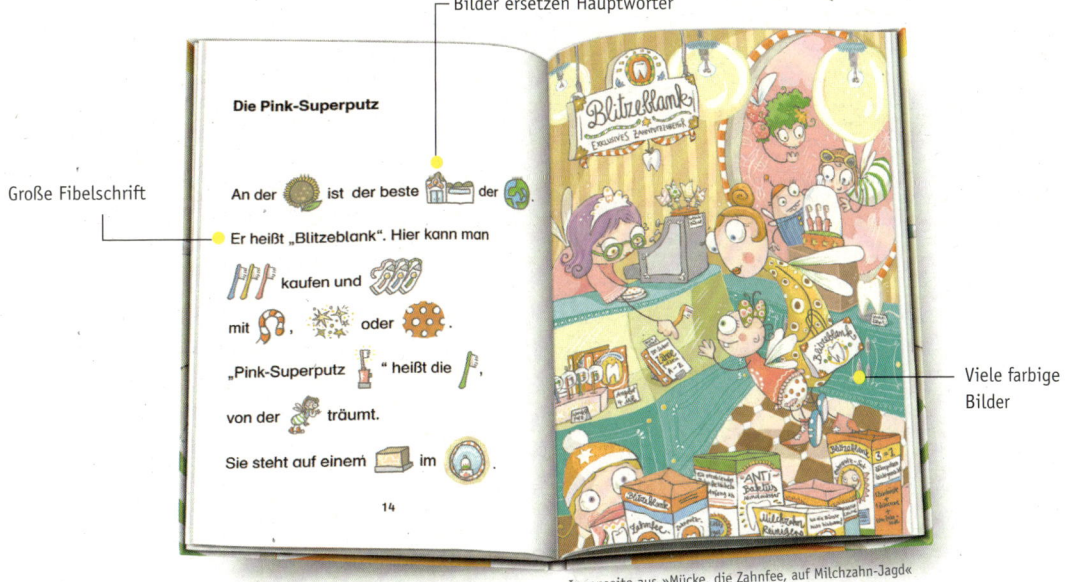

Innenseite aus »Mücke, die Zahnfee, auf Milchzahn-Jagd«
978-3-401-71721-0

Mit Bildern ganz spielerisch lesen lernen! In spannenden Geschichten um eine liebenswerte Figur können schon Kindergarten- und Vorschulkinder von Bild zu Bild mitlesen. So prägen sich Wörter leicht ein und das Lesenlernen macht Spaß!

Empfohlen von Westermann